NORDFRIISK
INSTITUUT

D1727444

Michael Hertl

Das Morsum-Kliff auf Sylt

Gegenwart als Momentaufnahme
zwischen langer Vergangenheit
und unbestimmter Zukunft

Nordfriisk Instituut

Das Nordfriisk Instituut dankt für sachdienliche Hinweise dem Geologen Dr. Dietrich Hoffmann aus Kiel und dem Natur- und Landschaftsschützer Dr. med. Roland Klockenhoff aus Keitum/Sylt.

Bibliografische Information Der Deutschen Bibliothek

Die Deutsche Bibliothek verzeichnet diese Publikation in der Deutschen Nationalbibliografie; detaillierte bibliografische Daten sind im Internet über http://dnb.ddb.de abrufbar.

Nr. 175

Lektorat: Harry Kunz
© Verlag Nordfriisk Instituut, D-25821 Bräist/Bredstedt, NF, 2004
Druck und Verarbeitung: Breklumer Druckerei Manfred Siegel KG,
25821 Brääklem/Breklum, NF
ISBN 3-88007-311-2

Das Morsum-Kliff auf Sylt

Lässt die heutige Gestalt der Insel Sylt nicht an eine Riesenmöwe denken, die mit weit ausgespannten Flügeln vom kräftigen Westwind scheinbar ohne eigene Mühe in der Luft getragen wird? Die Flügel reichen bis List im Norden und Hörnum im Süden. Das Schwanzgefieder dieser Möwe läuft nach Osten zur Halbinsel Nösse aus. Mitten in Weiden, Feldern und Heide liegt dort das Dorf Morsum mit seiner rund 800 Jahre alten spätromanischen Kirche Sankt Martin. Am Ostzipfel setzt der Hindenburgdamm an, auf dem die Eisenbahn das Festland mit der Insel verbindet. Nach Norden, zum Wattenmeer, fällt das Land steil mit einem etwa 20 Meter hohen, rund zwei Kilometer langen Bruch ab – das Morsum-Kliff. Mit dieser Inselregion hat es eine besondere Bewandtnis.

Zum Klifffuß kommt man auf mehreren Wegen. Von Osten geht es zunächst durch Heide und Wiesen, an Schilfgruppen vorbei ...

... dann am Wattstrand entlang.

Der kürzeste Weg durchquert das große Sandfeld von „Kleinafrika". Zur Kliffkante führt östlich des Hotels Morsum Kliff ein Holzbohlenweg an einigen Grabhügeln vorbei durch die Heide.

Von dort hat man einen weiten Blick Richtung Westen über das Wattenmeer zur Hauptinselregion und nach Osten zum Festland.

Der Archäologe sucht Spuren der Vergangenheit und deutet sie auf weit Zurückliegendes dieser Erde, das nicht aus Schriftquellen erschlossen werden kann. Es lassen sich Reste aus früheren menschlichen Siedlungen oder Kunstdenkmäler früherer Kulturen finden, die Jahrtausende zurück den Menschen zeigen, wie er Hand anlegte, um sich in seinem naturgegebenen Raum einzurichten. Ausgrabungen öffnen auch die Erdgeschichte in ihrem geologischen Aufbau Millionen Jahre weit zurück, zu einer Zeit, als es noch keinen Menschen, aber schon Pflanzen und tierisches Leben gab. Dazu werden in an der Oberfläche angeschnittenen Schichten für die Ablagerungszeit typische Fossilien gefunden, insbesondere versteinerte Muscheln, Schnecken und Krebse, Kieselschwämme, Korallen und Seelilien. Auf Sylt ist so in den vergangenen 150 Jahren das Land um Morsum ein besonders interessantes wissenschaftliches Feld geworden.

Die geologische Lektion, die hier in Morsum zur Sylter Erdgeschichte aussagt, ist noch merkwürdiger und spannender als jene Entdeckungen, die sich mit dem Roten Kliff von Kampen und den großen Dünen von List verbinden. Das Morsum-Kliff: ein Stück Natur, das den Wanderer für eine erstaunliche Reise an die Hand nimmt und bis zu überraschend erlebbaren Wundern führt.

Dass dieses einmalige geologische Denkmal erhalten blieb, ist in erster Linie den Verfechtern des Naturschutzgedankens um Ferdinand Avenarius, Knud Ahlborn und Ferdinand Goebel zu verdanken. 1923 wurde das Morsum-Kliff mit der angrenzenden Heidelandschaft als eines der ersten Gebiete in Schleswig-Holstein unter Schutz gestellt, buchstäblich in letzter Minute – das Erdreich sollte für den Bau des Hindenburgdamms verwendet werden.

Das Morsum-Kliff und die angrenzende Heide stehen unter Naturschutz. Die kluge Eule wacht und mahnt, die Landschaft zu schonen.

Blick von Keitum über Marschwiesen und Wattenmeer hinweg nach Osten – in der Ferne das Morsum-Kliff.

Die robuste Sylt-Rose breitet sich allmählich über die ganze Insel aus.

Blickt man in Keitum vom Tipkenhoog, dem vielleicht schönsten Sylter Grabhügel aus der Bronzezeit, über die Marschwiesen und die Keitumer Wattbucht nach Osten Richtung Festland, sieht man in der Ferne vor allem in den Morgen- und den Spätnachmittagsstunden inmitten des Grüns der Wiesen das Morsum-Kliff in seinen hellen Flächenanteilen aufleuchten.

Aus Bronzezeit und Wikingerzeit stammen zahlreiche Grabhügel. Sie bargen unter anderem Begräbnisurnen und verschiedene Grabbeigaben, zum Teil unter schützend eingebauten Findlingssteinen. Heute noch künden dort viele mit Büschen, Blumengras und Heidekraut bewachsene Grabhügel von einem menschlichen Leben vor 3 000 Jahren und früher unter derselben Sonne, die auch uns heute leuchtet.

Machen wir uns auf den Weg zum Kliff. Wir wandern vom Parkplatz aus westlich am Landhaus Nösse, jetzt Hotel Morsum Kliff, vorbei über den Heideweg durch eine große helle Sandmulde, die „Kleinafrika" genannt wird, hinunter zum Wattstrand. Denken wir an die lange Geschichte von Millionen Jahren, über die wir so hinwegschreiten, und versuchen wir, die wir unser eigenes Leben in die kleine Ordnung von Stunden über Wochen bis in einzelne Jahre einteilen, wenigstens ein vages Gefühl für die riesigen, fast anfang- und endlosen Zeiträume zu bekommen, um die es hier geht. Unendlich lange hat die Zeit im Verborgenen fortschreitend gearbeitet, und was sich am Morsum-Kliff heute aus besonderen Umständen zeigt, ist dieses schrittweise Geschaffene und im Register der Natur Gebliebene – nun in der Dimension eines einziges Augenblicks zusammengefasst, als hätte es ein Zeitraffer zusammenhalten können.

„Kleinafrika"

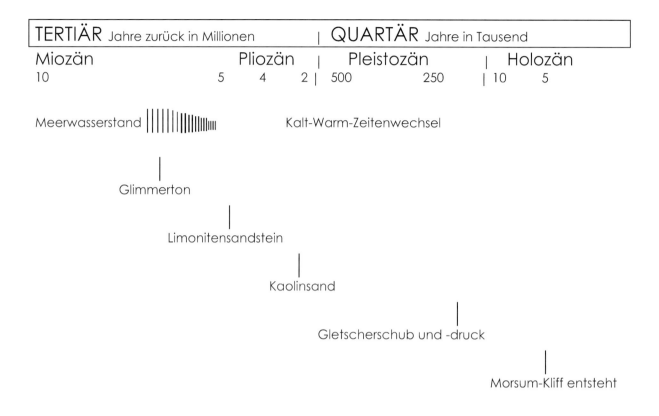

TERTIÄR Jahre zurück in Millionen		QUARTÄR Jahre in Tausend

Miozän · Pliozän | Pleistozän | Holozän
10 · 5 · 4 · 2 | 500 · 250 | 10 · 5

Meerwasserstand | Kalt-Warm-Zeitenwechsel

Glimmerton

Limonitensandstein

Kaolinsand

Gletscherschub und -druck

Morsum-Kliff entsteht

Einige Erdzeitalter mit ihrem Einfluss auf die Sylter Bodenformationen.

Nacheinander, jeweils durch fast endlose Zeiträume von Jahrmillionen getrennt, haben sich die typischen Bodenstrukturen entwickelt, indem sich Schicht auf Schicht aus unterschiedlicher Entstehung lagerte. Heute trennen uns mehr als 100 000 Jahre von jener Zeit, als diese Schichten von gewaltig gestaltenden Kräften aus ihrer horizontalen Aufeinanderfolge in eine schräge Winkelstellung nebeneinander aufgestellt wurden. Wieder viele, viele weitere Jahre später haben sich von Norden heranrollende Meeresfluten und stürmischer Wind in diese Erdformationen hineingefressen. Auf einer Strecke von etwas mehr als einem halben Kilometer rissen sie die Wand des Kliffs auf und legten damit die Schichtung frei. Was bis dahin verborgen war, ist jetzt dargeboten in einer farbigen Bildkomposition von grauschwarzer Tonerdewand, schroffem rotbraunen Felsen und weißem Sandsteinlager – die ganze Jahrmillionen-Vergangenheit dieser Landschaft wie in einem Schaufenster gegenwartlich sichtbar.

Von den die Erde gestaltenden Zeiträumen, die sich viele Millionen Jahre zurückrechnen lassen, gehört nach der Kreidezeit, dem Ende des Erdmittelalters, das Tertiär zur Erdneuzeit. Es liegt in einem Zeitraum von 60 bis zwei Millionen Jahren zurück. Ihm folgt das Quartär, in dem – nach einigen Warm- und Eiszeiten – nun wir Menschen mit der gegenwärtigen Tier- und Pflanzenwelt stehen. Erdschichten, Schichtfolgen aus Sandsteinen, Tonen, Mergeln, aus Konglomeraten alles dessen, aus Salzen und eventuell als Beigaben das, was Gletscher herangeschleppt haben, erlauben innerhalb dieser Zeiträume eine noch ins Einzelne weitergehende Zeitzuordnung – und das bringt auch Licht in den geologischen Aufbau der Küste von Morsum.

Die Lagerung der Schichten am Kliff zeigt sich am aufschlussreichsten im Blick von West nach Ost. Kommt man von „Kleinafrika" herunter, sieht man den zunächst von Heide-, dann durch Gras- und Strandhaferbewuchs bedeckten Glimmerton. Am Fuß des Kliffs wird an der aufgerissenen Flanke die grauschwarze Erde sichtbar. Im Hintergrund liegt das weiße Feld des Kaolinsands.

Um den Landschaftswandel im Bereich von Sylt zu verstehen, muss man zunächst wissen, dass hier in sehr früher Zeit (jüngeres Miozän) ein tiefes Meer lag und dass den einstmals wärmeren klimatischen Bedingungen eine anders geartete Tier- und Pflanzenwelt zugehörte.

Heute weiß man: Aus dem Miozän – das heißt aus einem Zeitabschnitt vor zehn bis sechs Millionen Jahren innerhalb des Tertiärs – stammt als Ablagerung in tiefen Meereszonen *grauschwarzer Glimmerton*: Die Ur-Nordsee stand damals etwa 100 Meter hoch über dem Land und bedeckte rund zwei Drittel des heutigen Schleswig-Holstein. In Stillwasserzonen setzten sich Ton und Sand ab, angereichert mit organischem Material aus Pflanzen und Wassertieren und vielen kleinen weißen Glimmerplättchen dazwischen.

Während sich dann im Pliozän (innerhalb des Tertiärs), also vor sechs bis vier Millionen Jahren, die Nordsee nach Westen zurückzog, wurde das Syltgebiet schrittweise eine ausgedehnte Strandlandschaft, vergleichbar etwa der heutigen Westküste der Insel. Was das Spiel der Fluten an Sand herantrug und verdichtend lagerte, wurde durch Oxydationsprozesse Brauneisenstein: der *rostbraune Limonitsandstein*. Der Eisengehalt der Mineralien bestimmt die Färbung.

Im Glimmerton und im Limonitsandstein sind Versteinerungen von Schalentieren wie Schnecken, Muscheln oder Krebse zu finden. Zum Teil sind sie mit ganzer Schale erhalten, zum Teil nur in ihren Abdrucken oder nur als Steinkerne, wenn die Schale mittlerweile aufgelöst ist. Der abgelagerte, verwitterte Limonitsandstein enthält merkwürdig geformte Verkrustungen. Die Funde treten vor allem dann zu Tage, wenn Sturmwellen des Wattenmeeres das Kliff erodiert haben.

Versteinerung eines Schalentieres, Steinkern. Gefunden im Bereich des Limonitsandsteins – hier fotografiert in einem Bruchstück der geheimnisvollen Röhren.

Das weiße Kaolinfeld besteht aus schräg geschichteten Sandlagen. Die härteren Schichten springen wie Regalbretter vor, die dazwischen liegenden weicheren werden vom Wind ausgeblasen und teilweise oberhalb der Kliffkante in schneeweißen Flächen abgelagert.

Nach wieder weiteren Jahrmillionen – vor vier bis zwei Millionen Jahren und noch im Zeitraum des Pliozäns – hatten sich die klimatischen Bedingungen nachhaltig verändert. Schmelzwasserströme aus dem Nordosten, aus dem heutigen Südschweden und dem baltischen Raum brachten eine ungeheure Aufschwemmung von schneeweißem Sand heran – *den Kaolinsand*. Er lagerte sich über die gesamten heutigen Nordsee-Insellandschaften bis hin zu den Niederlanden. Unter Sylt ist er bis zu 80 Meter mächtig und enthält schneeweißen Ton (Porzellanerde, Kaolin), der bei der Verwitterung von Feldspat entstand.

Als Ende der 1980er Jahre in Rantum für die Sylt-Quelle gebohrt wurde, traf man nach Dünensand und Wattboden in elf Meter Tiefe auf den hellen Kaolinsand, in 80 Meter Tiefe auf den rotbraunen Limonitsandstein, in 110 Meter Tiefe auf Glimmerton. Damit erhielten wir ein sehr anschauliches Bild von der Mächtigkeit der Schichten. Näher ans Kliff heran machte man in den 1920er Jahren in der Dammbaugrube Nösse (bei den Bauarbeiten für den Hindenburgdamm) sehr ähnliche Erfahrungen. Die schematische Abbildung und eine Lehrtafel, die die Naturschutzgemeinschaft Sylt am Kliffrand anbrachte, zeigen dies augenfällig – mit weiteren Einzelheiten dazu.

Eine gängige Hypothese besagt, dass es die Gletscher der Saale-Eiszeit waren, die im Morsumbereich die horizontale Schichtung durch ihren Schubdruck zu einer steil aufgerichtet nebeneinander liegenden Schichtfolge wandelten. Unter dem wieder kälter gewordenen Klima hatten sich die skandinavischen Inlandseismassen wieder aufgebaut, dementsprechend verebbte der Zufluss des Kaolinsandes. Vor weit über 100 000 Jahren begannen dann Gletscherzungen von Osten,

Was aus festerem Kaolinmaterial aufgebaut ist, hat sich auch in Turm- und Felsformationen gehalten.

Strandgrasnelken

Rotklee

aus dem heutigen Festland, Richtung Südwesten auf das heutige Sylter Inselfeld vorzudringen. Das enorme vorwärts gleitende Gewicht dieser über 1 000 Meter hohen Eismasse richtete sich im Bereich des heutigen Morsum von der Seite und von oben auf die drei übereinander liegenden Erdschichten aus dem Jungtertiär. Zunächst kam es zu einer Vielzahl von Rissen in den Schichtungen, zum scholligen Bruch, dann zur Materialaufstauchung und zu einem schuppenartigen Aufbrechen der Landoberfläche mit einem Verwerfen der ursprünglich in der Tiefe horizontal gelagerten Schichten bis zu einem Steilstand zwischen 30 und 40 Grad. Schuppenartiges Aufbrechen besagt, dass die aufgestellte Schichtenfolge mehrfach hintereinander auftritt. Geologen gehen von drei bis vier Schollenkomplexen aus.

Nach der Eiszeit stieg der Meeresspiegel vor allem durch Zustrom von Schmelzwasser wieder an. In der damit gegebenen Überschwemmung und unter Landabbruch formierten sich Schritt um Schritt die nordfriesischen Inseln. Was sich als Syltform herausbilden und bleiben konnte, war dann wesentlich abhängig von den Unebenheiten und Höhenzügen des Geestkerns. Wann genau die von Norden her anstürmenden Meereswellen diese aufgestauchten Erdformationen von der Seite her erodierten, ist unbekannt. Doch wäre es nicht geschehen, dann wären die geschilderten Gletscherschubwirkungen wie vieles andere unter der Oberflächendecke unserer Erde unbekannt geblieben und dieses Buchkapitel der Erdgeschichte nicht geschrieben worden.

Seit einigen Jahrtausenden entstand und steht nun das Morsum-Kliff – noch, auch wenn weiterhin und unermüdlich Wasser und Wind entschieden Einfluss

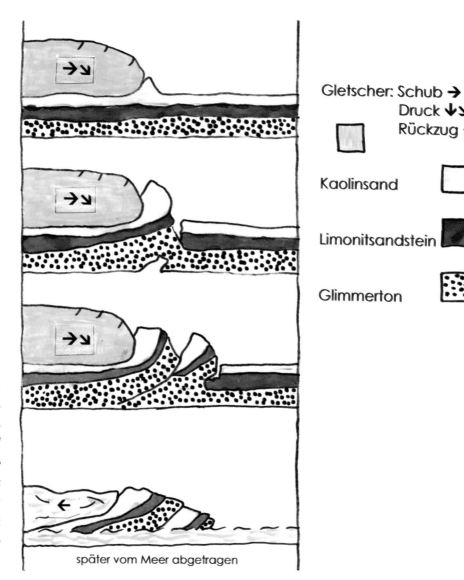

Gletscher: Schub →
Druck ↓↘
Rückzug ←

Kaolinsand

Limonitsandstein

Glimmerton

Die geologischen Schichten, die im Laufe der Zeit sich übereinander lagerten und später durch die Schubwirkung eines riesigen Gletschers zu Schollen gebrochen und aufgerichtet wurden.

später vom Meer abgetragen

auf seine Gestalt nehmen. Mit den Naturmächten ist kein sicherer Pakt zu machen. Das gilt ganz allgemein für die Zukunft von Sylt, das gilt insbesondere für die Existenz des Kliffs. Bedrohendes kommt immer wieder überraschend in Sturmfluten heran und trennt ab, jedes Jahr in kleinen Portionen, zum Glück nur selten so gewaltig wie am 3. Januar 1976, als 15 Meter der Kliffwand dem Wasser zum Opfer fielen.

Dem, der am Morsum-Kliff von West nach Ost an den Erdformationen entlang wandert, erscheint auf einer Strecke von 540 Metern Länge eine in *ein* Bild gefasste Rekapitulation der lokalen Erdgeschichte von rund sieben Millionen Jahren: ein Aufsteigen aus dem Boden der Ur-Nordsee mit der Biologie eines damals subtropischen Meeres bis ins Delta eines mächtigen skandinavischen Flusses, der bei der Schneeschmelze zwischen den Kaltzeiten riesige Sandmassen mitgebracht hat. Zugleich spürt er, wie sehr das Kliff, ein Bollwerk gegen die Kräfte der See und des Windes, einem fortschreitenden Abnagungsprozess ausgeliefert ist, der es in einem unbestimmten Zeitraum unausweichlich zerstören wird.

Wer von Jahr zu Jahr wieder kommt ans Kliff, findet immer neue Oberflächenstrukturen. Die Anlage des Hindenburgdamms (vollendet 1927) hat gegen den fortschreitenden Abbau, obwohl man es zunächst annehmen mochte, keine Entspannung gebracht. Im Gegenteil: Der Damm wirkt für Nordstürme wie ein Riegel, der den entlastenden Weiterstrom des stürmisch andrängenden Wassers ins südliche Wattenmeer verhindert. Steht man am Wasser vor dem Kliff, sieht das Auge von West nach Ost blickend nebeneinander die drei Schichtenfolgen: Glimmerton aus einem tieferen Meer (dunkelgrau bis schwarz), Limonitsandstein

Blick von Westen auf die Schichtenfolge des Morsum-Kliffs: Glimmerton, Limonitsandstein, Kaolinsand

Der Glimmerton ist in trockenem Zustand bröckelig fest. In seinen feuchten Abschnitten kann er so breiig-weich und morastig sein, dass man bis zum Knöchel einsinkt.

Die in der Sonne blinkenden Plättchen aus dem Glimmerton

aus dem küstennahen Flachwasser (rötlichbraun) und Kaolinsandstein und -sand aus einem weit gefächerten Flusssystem (weiß).

Der Glimmerton ist teils schwarz und bröckelig, teils dunkelgrau und von Sand durchsetzt. Durch eingesickertes Oberflächenwasser kann er zähfette Konsistenz bekommen. Die dunkle Färbung geht auf Eisen- und Schwefel-Verbindungen zurück. Der Schwefelanteil macht sich gelegentlich am Geruch bemerkbar.

Für Flut und Sturmflut, die jahrein, jahraus gegen das Kliff anrennen, ist es relativ leicht, den Glimmerton anzugreifen. Es verwundert nicht, dass Bruchstücke der Heidehumusdecke vom Kliffkamm immer wieder über den Glimmerton herabrutschen. So kommen auch Büsche und Kleinpflanzen aus der Flora der Kliffhöhe an den Klifffuß, zum Beispiel Dünengräser, die Sylt-Rose und die Besenheide. Die Glimmertonplättchen, die namengebend wurden, können an manchen Stellen oberhalb der Kliffkante, ausgewaschen und vom Wind hochgetragen, im hellen Sand blinkend gesehen werden.

Mühseliger ist die Mörserarbeit der Wellen am rotbraunen Sandstein, der ostwärts auf die Glimmertonformation folgt. Deshalb springt die Kliffkante am Übergang zur fast senkrechten Limonitsandsteinwand etwas vor. Die uneinheitlich verlaufende Strukturzeichnung des rotbraunen Sandsteins, der im Aufbau durchweg eine lamellenhafte Schichtung hat, weist auf sehr unterschiedliche Sedimentierungsbedingungen hin – vermutlich traten zeitweise stärkere Strömungsverhältnisse auf, andererseits gab es aber auch ruhigere Wasserzonen, in denen sich der Sand vor Urzeiten absetzte. Was sich dem Auge bietet, ist in seinem Formenreichtum unbeschreiblich. Fast abenteuerliche Schichtungs-

Geflecktes Knabenkraut

Der relativ harte Limonitsandstein kann sich einigermaßen den anstürmenden Fluten widersetzen. Der Klifffuß ist gegen das Wasser vorgesetzt.

Limonitsandstein

Schichtungsbilder im Limonitsandstein ...

strukturen entstanden, wenn sich im Untergrund größere Steine befanden, die dann in Bogenschichten umlagert wurden.

Die frühen Schubwirkungen durch die Gletscherlast haben zu Risslinien im Sandstein geführt, die durch eine später gehärtete Eisenoxydanreicherung ausgefüllt wurden. Dies gab dem Stein neue Festigkeit und das heute sichtbare unregelmäßige Linienmuster.

Wie eingemauert findet man in wechselnder Dichte röhren- oder schalenartige Gebilde von etwa zehn Zentimeter Durchmesser und 30 und mehr Zentimeter Länge aus Limonitsandstein, deren rätselhafte Entstehung der Volksmund mit der Arbeit von Zwergen oder Kobolden an der Wattküste zusammenbrachte und „Hexenschüsselchen" nannte. Man findet sie auch frei liegend zwischen dem abgesplitterten Geröll. Im hohlen Innenraum, der von einer bläulich-kristallin durchscheinenden Steinwand ausgekleidet ist, liegt grauweißer Sand, der bei der Entstehung dieser Röhren umgriffen worden ist.

Dazu nun die Geschichte, die man sich auf Sylt schon lange erzählt: Unter den kleinwüchsigen Sagengestalten der Insel gab es welche, die man Unterirdische nannte. Diese lebten am Weißen Kliff von Braderup, bei den Hügelgräbern, in der Heide und in verschlungenen Gängen des Morsum-Kliffs. Obwohl man von ihren breiten Hüten und ihren spitzen roten Mützen wusste, galten sie für gewöhnlich als unsichtbar. Sie waren fleißig tätig, und so findet man noch heute im rotbraunen Sandstein des Morsum-Kliffs ihre Arbeitsspuren: Eigenartig geformte, mit Sand gefüllte oder vom Wind ausgeblasene Röhren stecken noch im Sandstein oder liegen am Fuß des Kliffhangs herum. Diese Fundstücke sollen das Geschirr

Schichtenweise Umlagerung eines großen Steins während der Sedimentierungszeit

Die Schichten des Limonitsandsteins sind, bei näherer Betrachtung, auch noch durch blaugraue, zum Teil wirr verlaufende Risslinien aufgegliedert – ein Hinweis auf jene schollenartige Kontinuitätstrennung, die der Gletscherdruck und -schub vor Urzeiten hervorrief.

Geheimnisvolle Röhren stecken im Limonitsandstein. Bröckelt der Sandstein durch die Wind- und Wassererosion, kommen die Röhren frei. Man findet sie am Fuß der Wand, besonders zahlreich in der Grenzzone zum Kaolinsand.

Die Röhren enthalten noch den dunkelgrauweißen Sand, der bei ihrer Entstehung umgriffen wurde.

Limonitsandstein: Man staunt über die vielfältige, feine Schichtung, unter der die Sandablagerung vor sich gegangen ist.

Die weiße Wand aus Kaolinsand hinter dem braunroten Limonit-sandstein

der Unterirdischen für Essen und Kochen gewesen sein. Man glaubt, sie haben am Kliff eine Schmiede und eine Töpferwerkstatt betrieben, in der sie Töpfe, Schalen und anderes Gebrauchsgut herstellten.

Der massive Limonitsandstein geht in einer schmalen Zone von weißem bis hellbräunlichem Sand in die weiße Kaolinwand über. Die Flächen dieses weißen Kaolinsandes werden weniger von den Wellen als von den scharfen Winden erreicht. Der Winderosion können sie nur wenig Widerstand entgegensetzen. Den leichten Feinsand, fast reiner Quarzsand, trägt schon geringe Windstärke vor allem aus dem oberen Kliffdrittel über die Kante. Die härteren Sandstreifen, die zusätzlich Feldspat und Tonmaterial enthalten, verbleiben und durchziehen in vorspringenden Leisten, die wie Rippen aussehen, schräg die Wand. Vor allem in das lockere Sandmaterial der Kaolinwand setzen Seeschwalben gern ihre kleinen Nisthöhlen, in der Regel in einer Zeile unterhalb der Grasnarbe.

Der hier am Kliff zu Tage liegende Kaolinsand unterlagert die gesamte Insel Sylt. Er wird zwischen Munkmarsch und Braderup besonders eindrucksvoll als „Weißes Kliff" sichtbar. Dort baute man ihn, in einer großen Grube etwas küstenfern, als idealen Bausand ab. Die Kaolinsandschicht ist mit ihrer hohen Aufnahmefähigkeit für Wasser und in ihrer Lagerung über dichteren Tiefenschichten der wichtigste Süßwasserspeicher für die Insel.

Am Morsum-Kliff schließt sich ostwärts des Kaolinsandblocks wieder eine kurze Zone mit Glimmerton an. Die so genannte Ostscholle setzt sich dann aber weitgehend unsichtbar fort, immer unter Beibehaltung des Prinzips einer Schollenlagerung, wie wir es im Westen zu beschreiben begonnen haben.

Die Zone des Kaolinsandes mit den rippenartigen Verdichtungen, die der Erosion durch den Wind und das Wasser noch am besten widerstanden.

Der Wind spielt mit dem Sand. Dünengräser spielen mit.

Im oberen Bereich der Kaolinwand...

...nisten gerne Seeschwalben.

Ein Wanderer wird sich nur äußerst selten bei einer schweren Sturmflut am Kliff befinden. Eher wird er bei den häufig auftretenden Sturmwinden Zeuge der erodierenden Wirkung der Naturgewalten. Oft springt der Wind aus West bis Nordwest gegen das Kliff, reibt an den Steinflächen, drängt sich in Felsspalten, fährt durch Sandstreifen oder in Grasnarbenrisse, schrammt um Felskanten, höhlt deren Randzone aus und treibt den Sand unermüdlich bergauf, im Wirbel hinab in die Furchen und über die Kliffkante hinweg zu kleinen Dünenfeldern.

Was vom rotbraunen Limonitsandstein ins weiße Kaolin-Sandfeld hinüber weht, vermischt sich nur im Grenzbereich zu einer hellgelben Zone. Rötliche Körner im weißen Feld erweisen sich als spezifisch schwerer, so dass sie bei Windstillstand über die steile weiße Wand weiter nach unten rollen und unterhalb des puderzuckerweißen Sandes einen girlandenförmigen rötlichen Sandkornsaum bilden. Der leichtere helle Sand wird auch über die Kliffkante hinweg nach oben mitgenommen und zu schneeweißen Feldern hingebreitet. Immer ist der Wind aber auch zu kleinen hübschen Spielchen aufgelegt, was der Wanderer gern mitempfindet. Mit weicher Hand spielt er im Sand, wie er sonst die Wasseroberfläche kräuselt. Die winzigen Sandkörner liegen in feinen Wellenzügen. Die Dünengräser hat er als Zirkel für geometrische Figuren entdeckt.

Das Morsum-Kliff – eine Region, in der das Natürliche zum großen Ereignis, zum Naturwunder, geworden ist, wo die Gegenwart in einem Zusammenklang von längst Vergangenem und heute Aktuellem aus Sand und Stein, Wind und Wasser, Heide und Blumen, Sonne und Wolken und tiefem Blau des Himmels zusammen mit dem Menschen die Schöpfung der Welt feiert.

Ostwärts, im Bild links, beginnt eine weitere Scholle (die so genannte Ostscholle), von der aber nur der Glimmerton sichtbar ist.

Weststurm ums Kliff. Der abgebröckelte Sand sinkt auf den Wandfuß, soweit er nicht weggeweht wird. Grobe Steine und Röhrenbruchstücke werden frei.

Limonitsandstein: ausgeschliffene Steinetagen. In der Mitte oben ist eine angebrochene Röhre sichtbar.

Das Ergebnis ständiger Erosion: eine Turmformation

Der Wind spielt mit dem Sand.

Ein letzter Blick unter der Abendsonne. Der Limonitsandstein glüht rotbraun, das weiße Kaolinfeld ist von einem Gelb über- haucht. Ein Fuchsbau wartet auf seinen Be- wohner.

Sonnenuntergang über dem gefluteten Watt. Die Sankt Severin-Kirche im Hintergrund bildete einen wichtigen Orientierungspunkt in der historischen Seefahrt.

Ausgewählte Literatur

Michael Engler: Spuren der Geschichte in Schleswig-Holstein, Neumünster 1993.

Dietrich Hoffmann: Nordfriesland: Landschaft von Eis und Meer geschaffen. In: Thomas Steensen (Hrsg.): Das große Nordfriesland-Buch, Hamburg 2000, S. 100-107.

Hans Jessel: Das große Sylt-Buch, Hamburg 1996.

Hubertus Jessel: Sylt im Spiegel der Sage, Flensburg 1969.

Karl Kersten und Peter La Baume: Vorgeschichte der nordfriesischen Inseln, Neumünster 1958.

Harry Kunz und Thomas Steensen: Sylt Lexikon, Neumünster 2002.

Naturschutzgemeinschaft Sylt e. V. (Hrsg.): Das Naturschutzgebiet Morsum-Kliff – eine Sylter Landschaft, Faltblatt o. J.

Naturschutzgemeinschaft Sylt e. V.: Tafel zum Naturschutzgebiet Morsum-Kliff auf der Kliffhöhe.

Naturschutzgemeinschaft Sylt und Morsumer Kulturfreunde (Hrsg.): Begleitheft zur Ausstellung „Morsum-Kliff, Juwel des Nordens", Muasem Hüs, Morsum, Mai-Juli 2003.

Klaus Schwarzer: Das Morsum-Kliff und seine Ausbreitung unter den nördlich vorgelagerten Wattsedimenten. In: Egon T. Degens, Gero Hillmer und Christian Spaeth (Hrsg.): Exkursionsführer Erdgeschichte des Nordsee- und Ostseeraumes, Hamburg 1984, S. 251-282.

Claus Tegtmeier: Morsum-Kliff auf Sylt. Annäherung an eine Landschaft, Husum 1994.

Manfred Wedemeyer: Die schönsten Sagen der Insel Sylt, Essen 1988.